GOSCINNY AC UDERZO
YN CYFLWYNO
ANTURIAETHAU ASTERIX

ASTERIX A'R PAIR PRES

TESTUN **RENÉ GOSCINNY**   ARLUNWAITH **ALBERT UDERZO**

DALEN

dalenllyfrau.com

Mae *Asterix a'r Pair Pres* yn un o nifer o lyfrau straeon
stribed gorau'r byd sy'n cael eu cyhoeddi gan Dalen yn
Gymraeg ar gyfer darllenwyr o bob oed. I gael gwybod
mwy am ein llyfrau, cliciwch ar ein gwefan
dalenllyfrau.com
asterixcymraeg.com
asterix.com

Cyhoeddwyd yn gyntaf yn 2013 gan
Dalen (Llyfrau) Cyf, Tresaith, Ceredigion SA43 2JH

Cyfieithwyd gan Alun Ceri Jones
Golygwyd gan Dafydd Jones

Mae Dalen yn cydnabod cefnogaeth ariannol Cyngor Llyfrau Cymru

ISBN 978-1-906587-33-8
Cyhoeddwyd yn wreiddiol fel *Astérix et le chaudron*
Asterix a'r Pair Pres
© 1969 Goscinny/Uderzo
© 1999 Hachette Livre
© 2013 Hachette Livre ar gyfer y cyhoeddiad hwn a'r cyfieithiad i'r Gymraeg

Argraffwyd ym Malta gan Melita Press

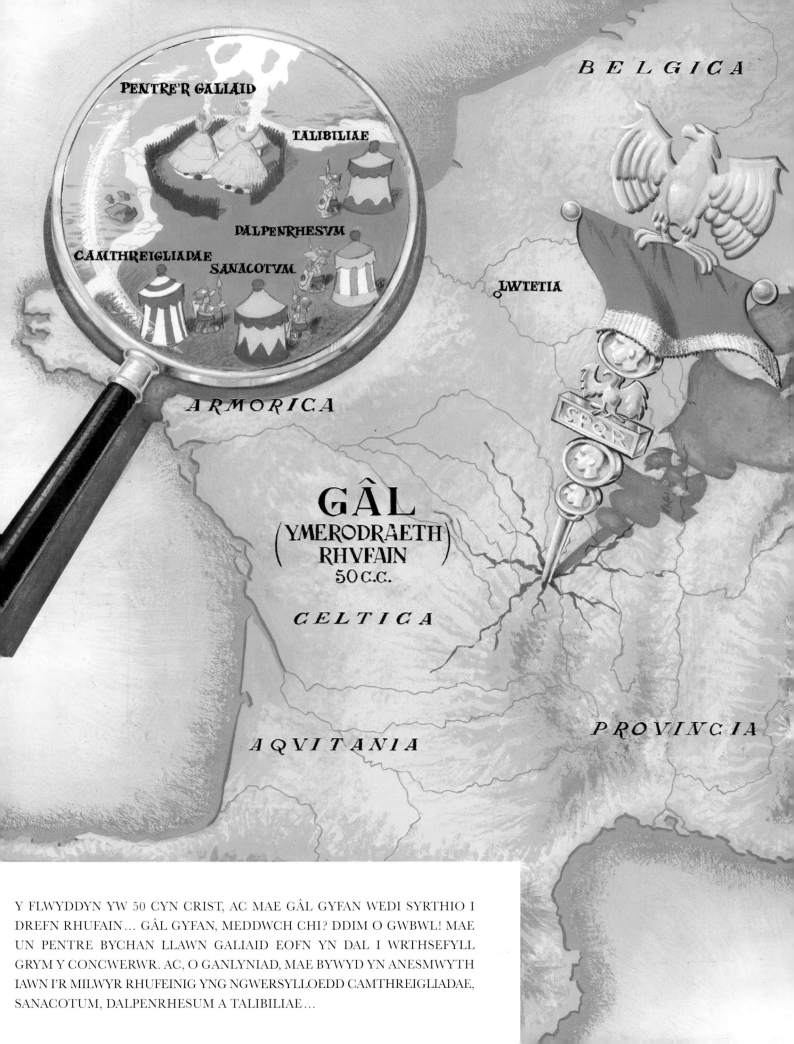

PENTRE'R GALIAID

TALIBILIAE

DALPENRHESVM

CAMTHREIGLIADAE

SANACOTVM

ARMORICA

BELGICA

IWTETIA

GÂL
(YMERODRAETH)
RHVFAIN
50 C.C.

CELTICA

AQVITANIA

PROVINCIA

Y FLWYDDYN YW 50 CYN CRIST, AC MAE GÂL GYFAN WEDI SYRTHIO I DREFN RHUFAIN... GÂL GYFAN, MEDDWCH CHI? DDIM O GWBWL! MAE UN PENTRE BYCHAN LLAWN GALIAID EOFN YN DAL I WRTHSEFYLL GRYM Y CONCWERWR. AC, O GANLYNIAD, MAE BYWYD YN ANESMWYTH IAWN I'R MILWYR RHUFEINIG YNG NGWERSYLLOEDD CAMTHREIGLIADAE, SANACOTUM, DALPENRHESUM A TALIBILIAE...

ASTERIX YW ARWR YR ANTURIAETHAU HYN. MAE E'N RHYFELWR BYCHAN, BEIDDGAR, SIONC A CHWIM EI FEDDWL. CAIFF POB ANTUR BERYGLUS EI RHOI I'W OFAL EF, A DAW EI NERTH GORUWCHDDYNOL O DDIOD HUD Y DERWYDD GWYDDONIADIX…

OBELIX YW CYFAILL MYNWESOL ASTERIX. I ENNILL EI FARA MENYN, MAE'N DOSBARTHU MEINI HIRION, AC I YMLACIO MAE'N MWYNHAU HEL BAEDDOD A CHWFFIO! MAE E WASTAD YN BAROD I OLLWNG EI FORTHWYL ER MWYN DILYN ASTERIX AR ANTUR NEWYDD. YN GWMNI FFYDDLON IDDO MAE CENARHEIBIX, CI Â CHYDWYBOD WERDD SY'N UDO'N DORCALONNUS OS YW'N GWELD COEDEN YN CAEL EI DYMCHWEL.

GWYDDONIADIX YW DERWYDD DOETH Y PENTRE. MAE'N UN DIWYD AM GASGLU UCHELWYDD A PHARATOI DIODYDD HUD. EI GAMPWAITH YW'R DDIOD SY'N RHOI NERTH GORUWCHDDYNOL I'R SAWL SY'N EI HYFED, OND MAE GANDDO DDIGON O RYSEITIAU RHYFEDDOL ERAILL YN EI BANTRI.

PERGANIEDIX YW BARDD Y PENTRE. CYMYSG YW'R FARN AM EI AWEN – I'W GLUST EI HUN, MAE'N UNAWDYDD RHAGOROL, OND MAE PAWB ARALL YN GYNDYN I ROI LLWYFAN IDDO. ER HYNNY, PAN NAD YW'N CANU, MAE E'N GYFAILL HAWDDGAR…

YN OLAF, DYMA PWYLLPENDEFIX, PENNAETH Y LLWYTH. MAE BRI MAWR I'R HEN RYFELWR DEWR YMHLITH EI DDYNION, AC MAE GAN EI ELYNION BARCHEDIG OFN OHONO. UN PETH YN UNIG SY'N EI DDYCHRYN, SEF MEDDWL Y GALLAI'R NEN SYRTHIO AR EI BEN. OND, YN EI EIRIAU EI HUN, "DOES DYN ŴYR IS YR WYBREN DDEDWYDDED YW FY LLE!"

AR DDIWRNOD BRAF O WANWYN MAE HEDDWCH PENTRE BACH Y GALIAID, SY MOR GYFARWYDD I NI, AR FIN CAEL EI CHWALU GAN NEWYDDION BOD YMWELYDD SWYDDOGOL YN NESÁU...

RWYT TI FEL TIWN GRON YN GWADU'R HAWL I'R BARDD GANU EI BENILLION!

OS WYT TI'N TARO NODYN FE WNA I DARO DY GORUN!

BOS! BOS! MAE DICSIONDAFIX A'I WARCHODLU AR Y FFORDD DRAW!

GELWIR CYFARFOD O GYNGOR Y PENTRE.

PWY YN Y BYD YW DICSIONDAFIX?

MAE E'N BENNAETH AR LWYTH SY'N BYW AR UCHELFAN UWCH Y WEILGI... DYDW I DDIM WASTAD WEDI GWELD LLYGAD YN LLYGAD AG E. HEN FOLGI BARUS YW E, YN RHY BAROD I DDELIO Â'R RHUFEINIAID ER EI FUDD TRACHWANTUS EI HUNAN...

OND MAE E'N BENNAETH AR LWYTH O GALIAID! A PHAN FYDD PENNAETH UN LLWYTH O GALIAID YN CWRDD AG UN ARALL, MAE'N RHAID DILYN Y DDEFOD GYWIR! BOED I BAWB YMBARATOI I'W GROESAWU, FELLY!

O FEWN DIM...

CEFNAU SYTH A MOESAU CRWM, FECHGYN! COFIWCH EICH ENW DA!

DYMA FE, BOS!

S'MAE WA! DWI'N CHWYSU CHWARTIA'N FA'MA! SGIN TI SWIG O RWBATH?

?!?!

5

6

PAN GYLWISH I MAI DYNA OEDD Y RHUFEINIAID ISHO GNEUD, DDOISH I YMA'N SYTH BIN! GYMRISH I'R PETH CYNTA OEDD WRTH LAW, LLUCHIO'R POTAS MAIP OEDD YN FFRWTIAN YNDDO FO I'R MOCH, A LLENWI'R PAIR EFO'R PRES.

AC MI DDOISH I I'R UNIG FAN YN Y BYD LLE BASA'R RHUFEINIAID YN MEDDWL DDWYWAITH CYN DOD I CHWILIO AMDANO!

ALLET TI DDIM FOD WEDI EI GUDDIO MEWN TWLL YN Y DDAEAR?...

DIM FFIARS O BERYG! MAE'R RHUFEINIAID YN TWRIO YM MHOBMAN... MAE CYMAINT O DRETHI WEDI CAEL EU CLADDU, BYDD YR OESOEDD A DDEL YN FFEINDIO UN CELC AR ÔL Y LLALL AM GANRIFOEDD I DDOD!

RWY'N CYTUNO Y DYLSEN NI GADW'R ARIAN YN DDIOGEL RHAG Y RHUFEINIAID BARUS...

'DAN NI'N DALLT EIN GILYDD 'LLY!

... OND RÔN I'N MEDDWL DY FOD TI'N HEN FFRIND IDDYN NHW... YN ENWEDIG AM FOD Y RHUFEINIAID YN FFAFRIO'R SAWL SY'N TALU TRETHI'N RHEOLAIDD.

NENO'R DUWIAU!

WYT TI'N ENSYNIO 'MOD I'N CHWARA'R FFON DDWYBIG? ELLA 'MOD I'N DELIO EFO'R RHUFEINIAID...

... OND DWI WASTAD YN EU BLINGO NHW, YN DYBLU'R GOST BASWN I'N EI GODI AR FY NGHYMRODYR O WLAD GÂL!

CHWARAE TEG!

IE, CHWARAE TEG!

WYT TI'N GWERTHU LLAWER I'R GALIAID?

NACDW... Y RHUFEINIAID SY'N PRYNU POPATH SY GIN I I'W WERTHU!

O'R GORE! FE OFALWN NI AM DY BAIR LLAWN PRES NES BOD Y CASGLWR TRETHI WEDI MYND O'R FRO.

AC I WARCHOD Y PAIR, Y RHYFELWR DEWRAF O'N PLITH — ASTERIX!

7

FE WNA I GADW'R PAIR YN FY MWTHYN.

LOL BOTES MAIP OEDD TAFLU'R POTES MAIP I FFWRDD ER MWYN LLENWI'R PAIR AG ARIAN !

OND OS OES GEN TI ARIAN, RWYT TI'N GALLU PRYNU POTES MAIP, OBELIX !

YN GWMWS ! FELLY PAM TAFLU'R POTES MAIP YN Y LLE CYNTA ?!

FE WNA I WARCHOD HWN AR HYD Y NOS.

YM ... MAE 'NA WLEDD WEDI'I THREFNU HENO ER ANRHYDEDD DICSIONDAFIX, A DYDW I DDIM EISIE I CENARHEIBIX GOLLI'R CYFLE ...

CER DI, OBELIX GYFAILL.

FE DDOF I Â RHYWBETH NÔL I TI !

WOW! WOW!

CYN HIR...

LLOWC ! SGWLC ! GLOP !

MYN TWTATIS ! MI WYT TI'N SGLAFFIO, 'NDWYT ?!

SGLAFFIO ?... GLOP !... CLADDU BWŶD, TI'N FEDDWL ?... ANGHOFIES I'R CWBWL ! MAE'N RHAID I FI FYND Â THAMAID I ASTERIX !

PAID Â PHOENI ! MI WNA I HYNNY ! DWI ISHO CAEL GAIR I GALL EFO'R HOGYN BETH BYNNAG.

O'R GORE ... SGWLC !... MAE'N GAS GEN I ADAEL Y BWRDD RHWNG DAU ... LLOWC !... FAEDD !

SEFWCH! PWY SY 'NA?

FI SYDD YMA! GO DDA CHDI AM FOD MOR SELOG; DDAW DIM DRWG I'R PAIR YN DY OFAL DI, MAE'N AMLWG.

DIM OND GWNEUD FY NGWAITH YDW I.

TYRD I ISTA'N FA'MA I TI GAEL MWYNHAU DY FWYD.

RÔN I ISHO DEU'THA CHDI AM BATRÔL O RUFEINIAID FU'N SBÎO ARNAN NI AR EIN FFORDD YMA.

SGWLC! SGWLC!

PAID Â PHOENI DIM! GAIFF Y RHUFEINIAID MO'U DWYLO AR DY ARIAN DI... FE DDOF I Â PHOB CEINIOG NÔL I TI PAN FYDD HI'N SAFF GWNEUD!

MAE GIN I BOB FFYDD YNDDA CHDI!

HWRÊ, PWYLLPENDEFIX! DWI'N BANCIO ARNA CHDI!

AR FY LLW, MI GEI DI DDIBYNNU AR EIN HENW DA!

MAE PAWB WEDI MYND I'W WÂL... HEBLAW AM OBELIX, SY'N LLOWCIO'R BAEDDOD SY DROS BEN...

LLOWC! SGWLC! SGWLC!

ZZZ!

AC ASTERIX, SY'N GWYLIO'R PAIR LIW NOS.

9

CLWWWC! MAE'R WAWR AR FIN TORRI... GWELL I FI FOD YN BAROD I DDEFFRO PAWB...

AAAA !... MAE HI BRON Â GWAWRIO. AMSER I FI GAEL CAU FY LLYGAID !

?!?

Y PAIR! Y PAIR!

MAE'R PAIR YN WAG !!!

RHAGOROL !... SGWLC !... DERE I NI EI LENWI FE Â PHOTES MAIP ETO ! MAE BASNED O BOTES MAIP YN FFEIN AR ÔL SWPER HWYR ...

FE DORRON NHW DWLL YN WAL GEFN Y BWTHYN I GAEL MEWN !

GAN BWYLL ! FALLE FOD Y LLADRON DAL YN Y PENTRE !

DEWCH I NI CHWILIO AMDANYN NHW !

DYMA NI, FY AWR FAWR !

MAE HYN YN GWNEUD I FI DEIMLO'N GLWC !

ASTERIX ... CROCHAN A RODDWYD I'N GOFAL YW PAIR DICSIONDAFIX, I'W DRADDODI IDDO DRACHEFN. DRUD FYDD Y PRIS ONI WNAWN HYNNY...

DEWCH I NI ROI'R PAIR NÔL IDDO FE, 'TE / BYDD HANNER Y DDYLED WEDI EI THALU WEDYN, A ...

TAWELWCH YN Y PENTRE! TAWELWCH!

BANG! BANG! BANG!

DY ORCHWYL DI OEDD GWARCHOD Y PAIR, AC YN HYNNY O BETH FE WNEST TI FETHU. O'TH HERWYDD DI, MAE ENW DA EIN LLWYTH YN Y FANTOL. MI WYDDOST EIN RHEOLAU. BYDDWN UFUDD IDDYNT CYHYD AG Y BYDDWN YN BENTREFWYR!

LOES I NI YW DY ALLTUDIO, I BEIDIO Â DYCHWELYD I'R PENTRE NES I TI WNEUD YN IAWN AM DY GAM!

FE DDOF YN ÔL A'R PAIR YN LLAWN ARIAN – HYNNY, NEU AROS YN ALLTUD AM BYTH!

GEIRIAU NOBL, CHWARAE TEG I TI, MYN TWTATIS! DERE NÔL A'R PAIR YN LLAWN. PAID Â GWNEUD CAWL O BETHAU!

FE WYDDOST BETH YW GRYM Y DDIOD HUD SY'N RHOI NERTH ANORCHFYGOL I'R SAWL SY'N EI HYFED! CER, FY MACHGEN GWYN! DEFNYDDIA'R DDIOD YN DDOETH!

DIOLCH, DDERWYDD!

PWWWP!

OND MAE E'N MYND! MAE ASTERIX YN MYND!!!

RHYNGDDO FE A'I BOTES, OBELIX. MAE E WEDI CAEL EI DORRI MÂS, OND FE DDAW E NÔL, FALLE.

BE SY'N BOD ARNOCH CHI, MYN Y DUWIAU? GADAEL I ASTERIX FYND AR EI BEN EI HUN? SUT DDAW E I BEN OS NAD YW CENARHEIBIX A FINNE YNO I'W ROI E AR BEN FFORDD?

CNOC! CNOC! CNOC!

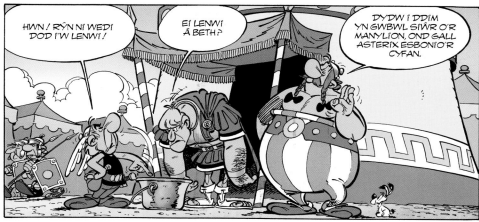

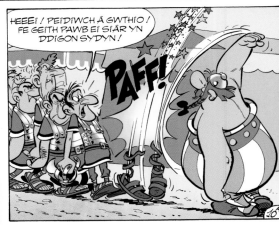

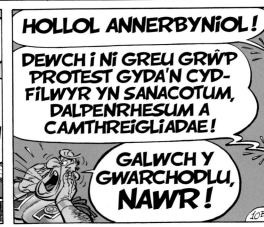

DERE OBELIX, RWY'N CREDU I NI WNEUD CAMGYMERIAD... DOES DIM CEINIOG FAN HYN I FYND YN Y PAIR!

MAE CNOC GO IAWN AR Y RHUFEINIAID 'MA!

CNOC! CNOC! CNOC!

PIFF!

PAFF!

BANG!

BONG!

DWEDWCH, BETH OEDD YN Y PAIR 'NA?

ARIAN.

PAFF!

ARIAN?

TING!

STOPIWCH! DWI EISIE CAEL FY SIÂR!

11A

EDRYCH, ASTERIX! CAFFI NEWYDD AR Y TRAETH!

DERE I NI FYND I GAEL CINIO. FE DEIMLWN NI'N WELL AR ÔL BWYTA.

CWSMERIAID I'R ASWY!

Y TRYFER A'R GYLLELL

O'R DIWEDD! ERS I'R GALIAID EIN HERLID O'R MÔR, YR UNIG GWSMERIAID SY'N GALW HEIBIO YW LLENGFILWYR SY'N YFED Y CWRW OND YN GWRTHOD TALU!

UBI SOLITUDINEM FACIUNT, PACEM APPELLANT.

DOES DIM AMSER I SIARAD DWLI! PAWB AR Y DEC!

MAE'R GALI YN BAROD AM GIGOEDD A PHYSGOD!

Y GALI

DIM DIME GOCH, A CHAWSON NI DDIM I'W FWYTA CHWAITH!

FE DDYLSEN NI FOD WEDI DOD Â PHETH O'R CAWL PYS OEDD YN FFRWTIAN YN Y CROCHAN.

DYW HI DDIM YN DYMOR PYS ETO.

?.|!?

FI'N MYND NÔL! MAE RHYWUN WEDI 'NHWYLLO I!

NA, NA! PAID Â BOD YN DDWL!

OND BYDD YN RHAID AROS OES PYS CYN Y BYDD HI'N DYMOR CAWL PYS ELENI...

WEL DYMA CHI LOL, GEN I DÂN DAN FY MOL...

Y GALI

HOGIA BACH, DYW BYWYD AR DIR SYCH DDIM WEDI'N CADW NI RHAG Y DDRYCIN! DEWCH I NI FYND NÔL I'R MÔR!

DYDW I DDIM YN CREDU Y DOWN NI FYTH O HYD I'R SAWL WNAETH DDWYN YR ARIAN... MAE'N RHAID I NI FEDDWL AM SYNIAD ARALL.

RWY'N CREDU Y BYDD RHAID I NI ENNILL YR ARIAN 'MA.

ENNILL ARIAN? OND DŶN NI ERIOED WEDI BOD YN WEISION CYFLOG!

WEL, MAE'N RHAID I NI DDECHRAU... OND SUT?...

BETH AM I NI ADRODD EIN HANTURIAETHAU WRTH BOBOL? FALLE GAWN NI'N TALU AMDANYN NHW...

DYDW I'N DEALL DIM AR FYD BUSNES, OND CRED TI FI, WNAWN NI DDIM CEINIOG DRWY GYHOEDDI'N STRAEON I'R BYD A'R BETWS!

OND DYCHMYGA, "ANTURIAETHAU OBELIX Y GALIAD", A...

GAD HI, OBELIX...

FFAIR A MART CONDATE...

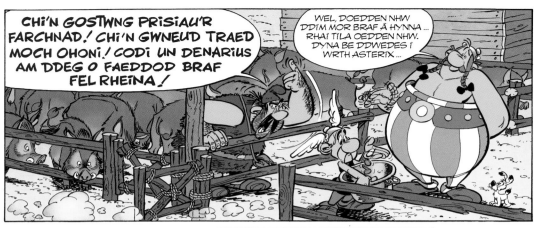

CHI'N GOSTWNG PRISIAU'R FARCHNAD! CHI'N GWNEUD TRAED MOCH OHONI! CODI UN DENARIUS AM DDEG O FAEDDOD BRAF FEL RHEINA!

WEL, DOEDDEN NHW DDIM MOR BRAF Â HYNNA ... RHAI TILA OEDDEN NHW. DYNA BE DDWEDES I WRTH ASTERIX ...

CHI SY'N GWERTHU DEG O FAEDDOD AM DDENARIUS?

?!

CHI'N GWELD?! RWY'N DDIGON PENWAN I NEUD RHYWBETH DWL! WN I DDIM BE SY'N FY NGHADW I RHAG ...

FI.

CLATSH!

FI.

18A

PAN DDAW E NÔL, FE HOFFWN I DARO BARGEN GYDAG E ...

TARO BARGEN?

IE ... MI GAIFF E RIFO DEG AM DDENARIUS, OND UNARDDEG I MI ...

CRAAC!

HMMFF!

CHI WEDI DIFETHA POPETH OEDD GEN I! O'CH HERWYDD CHI BYDDA I'N GORFOD GWERTHU FY NGHARTRE, FY MEINI HIRION ...

DEWCH, DEWCH NAWR ... BETH BYNNAG, DYN NI HEB FWYTA ETO. FAINT YW EICH BAEDDOD CHI?

UN DENARIUS YR UN ... PRIS ARBENNIG I CHI!

18B

24

DEWCH O 'NA! NESA, GLOU! MAE GEN I BETHE ERAILL I NEUD!

DOES NEB AR ÔL I DDOD NESA!

RÝCH CHI WEDI COLBIO POB UN O'R WYTH GLADIATOR OEDD GEN I. MAEN NHW I GYD WEDI YMDDISWYDDO, AC YN DWEUD FOD YN WELL GANDDYN NHW DDYCHWELYD I YMLADD YN Y SYRCAS...

... NÔL I'R UN HEN BETH: AVE CESAR, MORITURI TE SALUTANT, A'R HOLL SOTHACH 'NA.

IAWN. NAWR 'TE, BETH AM Y WOBR FAWREDDOG 'NA?

!?

MAWREDD! BYDD ANGEN I NI AROS CANRIFOEDD CYN BYDD UNRHYW WERTH I'R TRUGAREDDAU HYN!

AROS FUNUD — FE WNA I DRIO'U CYFNEWID NHW AM ARIAN.

MAE'R BUSNES WEDI MYND Â'I BEN IDDO. 'SGEN I DDIM MWY O GLADIATORIAID.

CYFLOGWCH FI, 'TE! MAE GEN I BAIR I'W LENWI.

FFASIWN BETH YW'R FFASIWN HYFDRA...

O'R GORE! BYDD Y DORF WRTH EI BODD YN GWELD PWTYN BACH FEL CHI YN CAEL EI SATHRU DAN DRAED!

YMHEN TIPYN...

GWOBR FAWREDDOG I'R SAWL ALL SEFYLL ROWND YN ERBYN Y GLASLANC BYR PENFELYN HYN!!!

FI! FI!

GLOP GLOP GLOP!

FI WELODD E GYNTA!

HEN UN BACH YW E ... FYDD DIM DIGON I BAWB!

FI EISIE FE!

Y CYNTAF O'CH PLITH, OS GWELWCH YN DDA!

Y BACHAN LWCUS! SDIM DAU TAW FE FYDD YN ENNILL Y WOBR FAWR!

NESA!

A'R NESA, A'R NESA...

CLAC!

NESA!

...YN DILYN UN AR ÔL Y LLALL...

NESA!

NESA!

NESA!

CNOC! CNOC! PAFF!

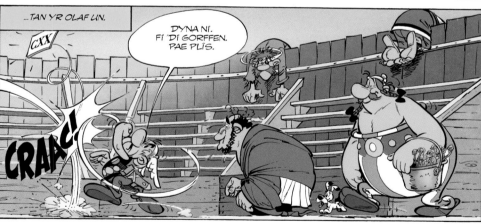

...TAN YR OLAF UN.

DYNA NI. FI 'DI GORFFEN. PAE PLÎS.

CRAAC!

OES CNOC ARNOCH CHI? MAE EICH CYFAILL TEW WEDI COLBIO FY NGLADIATORIAID, RYCH CHI WEDI CLATSIO'R GYNULLEIDFA I GYD, RYCH CHI WEDI DINISTRIO FY MUSNES, A NAWR RYCH CHI'N DISGWYL I FI'CH TALU CHI?

CNOC! CNOGNOC! CNOC!

DWI EISIE'R TLYSAU CAIN 'NA NÔL!

PA GYFAILL TEW?

RHO'R TLYSAU NÔL IDDO FE, OBELIX.

23

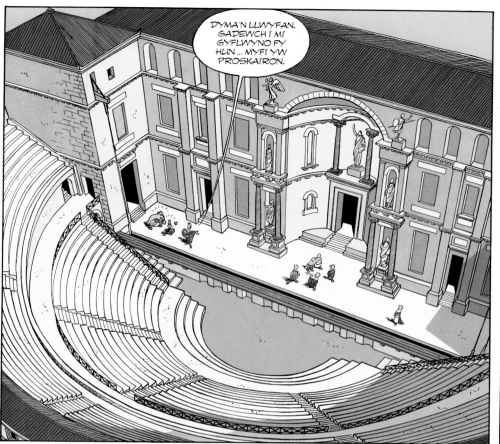

DYMA'N LLWYFAN. GADEWCH I MI GYFLWYNO FY HUN... MYFI YW PROSKAIRON.

WFFT I FYND ROWND A ROWND EFO'R UN HEN DDRAMÂU SAFF! MAE'R CHWYLDRO YM MYD Y DDRAMA AR DROED! MAE GYNNON NI NEGES I'W DATGAN! NOD MEWN BYWYD! MAE'N RHAID I NI GYFFROI'R CYHOEDD! CODI'R GYNULLEIDFA O'I MUDANDOD! CREU YN GYWRAIN A BYRFYFYR!

DOWCH I NI YMARFER! POB UN I'W LE OS GWELWCH YN DDA!

?!?

BYTH, ANGHOFIA I FYTH Y BORE GWYN Y CEFAIS I FY NGLODDEST GYNTA ERIOED!

AROS FUNUD! Y CYHOEDD! BLE MAE'R GYNULLEIDFA DDIG? BLE MAE HOBADERIDANDO?... TI 'DI COLLI DY GIW, CYW!

DYMA FI, DYMA FI!

O'R GORE. O'R TOP, UNWAITH ETO.

BYTH, ANGHOFIA I Y BORE GWYN Y CEFAIS I FY NGLODDEST GYNTA ERIOED!

TI 'DI ANGHOFIO UN "BYTH", CYW!

SORI, DEL... BYTH, ANGHOFIA I FYTH Y BORE GWYN Y CEFAIS I FY NGLODDEST GYNTA ERIOED!

RWTSH LLWYR! CHI'N MEDDWL BOD POBOL Y PETHE YN DERBYN Y FATH DDWLI?!

I'R DIM, HOBADERIDANDO, I'R DIM... HWYRACH Y MEDRI DI DAFLU TOMATOS ATO FO.

RARGIAN, NA! TYDI POBOL Y PETHE DDIM MOR GOMON Â HYNNY!

IAWN, CHI'CH DALL SEFWCH YN HOLLOL FUD WRTH GEFN Y LLWYFAN...

...A PHAN WELI DI FI'N PWYNTIO ATAT TI, HOGYN BOLIOG...

OBELIX YW EI ENW FE.

OBELIX YW ENW PWY?

...DYNA'R CIW I TI DDAWNSIO I FLAEN Y LLWYFAN, A DEUD RHYWBETH – UNRHYW BETH!

UNRHYW BETH?

IE. TI FYDD YN DOD Â'R CYNHYRCHIAD I'W DDIWEDD GYDA CHRI BYRFYFYR O'R GALON. DWÊD Y PETH CYNTA DDAW I DY BEN!

OND WEITHIAU DOES DIM O GWBWL YN DOD I 'MHEN I!

MI WELA I CHI HENO, GIANG! COFIWCH ADAEL EICH MARC, A DYRWCH I'R GYNULLEIDFA YR HYN Y MAENT YN EI GREFU – YSTYR!

MAWREDD, BE FI'N MYND I 'WEUD? BE FI'N MYND I 'WEUD?

TWT! PAID Â PHOENI. Y PETH PWYSIG YW LLENWI'R PAIR.

BETH AM YR YSTYR? NAG WYT TI'N MEDDWL DIM AM YR YSTYR?!

GYDA'R HWYR, MAE'R THEATR YN LLENWI Â PHOBOL Y PETHE SY'N HEN GYFARWYDD Â NOSWEITHIAU AGORIADOL. MAE'R RHAGLAW RHUFEINIG YNO, UWCH-SWYDDOGION Y FYDDIN, CYNGHORWYR LLEOL A HOELION WYTH Y GYMUNED – CONDATE GYFAN, I BOB PWRPAS.

DWI'N FFYDDIOG Y CEWCH CHI NOSWAITH WRTH EICH BODD, HYBARCH RAGLAW!

YN ÔL POB SÔN, MAEN NHW'N FFIAIDD!

GWARTHUS! ROEDD HI'N JOBYN A HANNER CAEL TOCYNNAU!

FORE TRANNOETH, PAFIN LLWM CONDATE SY'N WYNEBU ASTERIX AC OBELIX...

DAL HEB YR UN SESTERTIUS COCH!

PAM NA WERTHWN NI'R PAIR?

WNAIFF HYNNY MO'I LENWI FE!

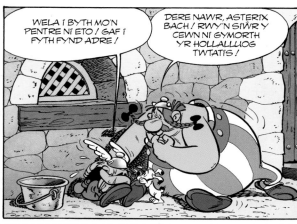

WELA I BYTH MO'N PENTRE NI ETO! GAF I FYTH FYND ADRE!

DERE NAWR, ASTERIX BACH! RWY'N SIŴR Y CEWN NI GYMORTH YR HOLLALLUOG TWTATIS!

?!?

TING! DONG! DING!

MAE'N GAS GEN I WELD POBOL YN DRIST PAN RWY MOR HAPUS! RWY NEWYDD ENNILL PENTWR O BRES!

DING DING DING!

DING DING!

?!?!

HEI, SUT ENILLOCH CHI YR HOLL ARIAN 'NA?

WRTH FETIO AR Y RASYS, GYFAILL! BETIO AR Y RASYS!

TING!

DIM OND SESTERTIUS NEU DDAU OEDD GEN I – MI WNES I OSOD BET, AC ENNILL!

AC YM MHLE MAE'R RASYS YN CAEL EU CYNNAL?

AR DRAC RASIO TREGARUM. DEWCH EFO FI, RWY'N MYND NÔL I ROI CYNNIG ARALL ARNI.

AHA! TI'N GWELD, ASTERIX?

DYMA'R LLE. RWY AM EICH GADAEL CHI NAWR, FELLY HEI LWC!

AM Y TRO CYNTA, MAE GYDA NI RYWFAINT O ARIAN – OND A DDYLSEN NI FENTRO COLLI'R CYFAN?

OND DWYT TI'N MENTRO DIM! TI'N GOSOD BET, AC FE LENWI DI'R PAIR. DYNA BE DDWEDODD E.

WYT TI'N GWYBOD SUT MAE GOSOD BET?

MI FEDRA I EICH HELPU, GYFEILLION!

SU'MAE! COELIOCELWIX YDW I. RWY'N ARBENIGWR AR Y RASYS, AC MAE GEN I SAWL BET O DAN FY HET.

ALLWN NI LENWI'N PAIR GYDA BE SY DAN EICH HET?

WRTH GWRS! DYMA BE SY'N DIGWYDD – RASYS CERBYDAU RHYFEL, SY'N CAEL EU TYNNU GAN BEDWAR CEFFYL, SEF Y QUADRIGAE ... FE ALLWCH CHI CHWARAE RAS DRIPHLYG ...

... HYNNY YW, Y TRI QUADRIGA CYNTA YN Y DREFN FUDDUGOL NEU UNRHYW DREFN ARALL, SY'N CYFATEB Â DEUDDEG CEFFYL ...

?

OND Y PETH GORE I'W WNEUD YW BETIO AR Y CERBYD SY'N MYND I ENNILL. MAE 'NA DIMOEDD GWYN, GLAS, COCH A GWYRDD... DEWCH YN NES ...

?

YN Y RAS NESA, RHOWCH EICH ARIAN AR Y GLEISION. MAE GEN I FFRIND SY'N GEFNDER TRWY BRIODAS I'R AURIGA*. MAE HI GYN SICRED Â SOSEJUS MAI FE FYDD YN ENNILL Y RAS.

* GYRRWR

30A

RHOWCH EICH ARIAN I FI, AC FE WNA I OSOD Y BET AR EICH RHAN ... Y CYFAN FYDDA I EISIE FYDD HANNER YR ENILLION.

CHI'N SICR NAD OES SIAWNS Y BYDD E'N COLLI?

MAE'N GWBWL AMHOSIB IDDO GOLLI... EWCH I EISTEDD WRTH OCHR Y TRAC, AC FE WELA I CHI ETO AR ÔL Y RAS.

30B

HEN DRO TRO YMA, FFRINDIAU! OND YN Y RAS NESA, MAE AURIGA'R GWYRDDION YN HEN FÊT I 'MRAWD-YNG-NGHYFRAITH ...

DOES DIM ARIAN AR ÔL 'DA NI. AC MI DDWEDOCH CHI Y BYDDE HI'N AMHOSIB I'R GLEISION GOLLI!

DYW'R GAIR 'AMHOSIB' DDIM YN BODOLI YNG NGEIRIADUR BRIWSGRIFFIX!

!

(OCH A GWAE)

(OCH A GWAE)

(OCH A GWAE)

(OCH A GWAE)

DERE, OBELIX. MAE GEN I GEINIOG NEU DDWY AR ÔL. MAE ANGEN I NI GAEL BWYD.

YMHEN YCHYDIG...

GAF I AWGRYMU'R BAEDD GWYLLT? DEWIS DA AR HYN O BRYD. MAE PRISIAU BAEDDOD YN GOSTWNG YN RHYFEDDOL. PYMTHEG AM BRIS UNARDDEG ERBYN HYN!

RETINE ET ACCIPIES

?

BETH YW'R ADEILAD YNA? TEML?

BRON Â BOD! BANC Y RHUFEINIAID YW E. DYNA BLE MAEN NHW'N CADW'U CRONFEYDD O AUR.

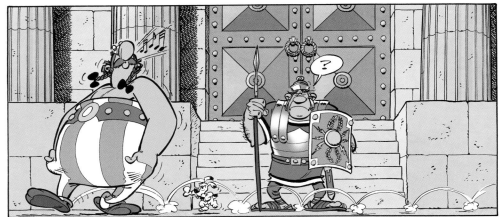

HEi!
Ti!

Fi?

IE, Ti! Ti'N EDRYCH FEL RHYWUN SY'N BWRIADU TORRi i MEWN i'R BANC! OND FE GEi Di DY SIOMi!

MAE 'NA FILWYR YN GWARCHOD Y BANC AR BOB AWR O'R DYDD. RŶN Ni'N NEWiD SHIFFT AM HANNER DYDD, AM CHWECH AC AM HANNER NOS. A BOB AWR O'R NOS, MAE 'NA FILWYR Y TU MEWN i'R BANC ...

HEFYD, MAE'R AUR YN CAEL Ei GADW MEWN CELL DDIOGEL, TU ÔL i DDRWS MAWR TRWM O DDUR DAN GLO, A'R ALLWEDD WEDi'i GWATO MEWN TWLL YN Y WAL ...

...FELLY PAiD HYD YN OED AG YSTYRiED Y PETH!

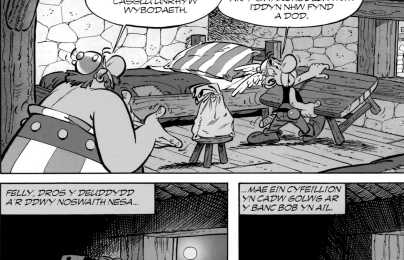

MAES O LAW...

GÊS i FAWR O HWYL – DiM OND CAEL FY HEL O 'NA CYN GALLU CASGLU UNRHYW WYBODAETH.

PAiD Â PHOENi. FE ALLWN Ni GADW GOLWG DRWY'R FFENEST AR Y GWARCHODLU WRTH iDDYN NHW FYND A DOD.

BYDD ANGEN i Ni EU GWYLiO NHW BOB YN AiL ... A CHOFNODi POPETH, GAN GYNNWYS YR AMSER ...

FELLY, DROS Y DEUDDYDD A'R DDWY NOSWAiTH NESA...

...MAE EiN CYFEILLION YN CADW GOLWG AR Y BANC BOB YN AiL.

IAWN, OBELIX!
MAE GEN I SYNIAD GO
DDA AM YR ORIAU
MAE GWARCHODLU'R
BANC YN EU
CADW!

RWY WEDI
SYLWI BOD Y
MILWYR YN GADAEL EU
MANNAU GWARCHOD TUA
LINARDDEG Y BORE
ER MWYN CAEL
LLYMAID O DDWR
O'R FFYNNON ...

CHCH OCHCH

DYNA PRYD
DDYLSEN NI
FYND AMDANI.

OAAAAOOOO.

EDRYCH.
DYMA FY
NGHYNLLUN.

CRAAFU!
CRAFU!

COSI!
COSI!

Y BANC

YMOSODIAD
OBELIX

CENARHEIBIX X

Y GWESTY

35-A

BYDD CENARHEIBIX YN CADW
LLYGAD ER MWYN RHOI RHYBUDD
OS DAW'R GWARCHODLU NÔL YN GYNT
NA'R DISGWYL ... DY JOBYN DI FYDD
CHWALU'R DRWS ...

FE GUDDIA I'R TU ÔL
I'R DRYDEDD GOLOFN,
A WEDYN NEIDIO I MEWN
AR DY ÔL ...

BYDD GYDA NI BUM MUNUD I WNEUD
EIN GWAITH CYN I'R GWARCHODLU
DDYCHWELYD. UNWAITH Y BYDDWN NI TU
MEWN I'R BANC, BYDD ANGEN HOLI'R STAFF
BLE MAE'R AUR YN CAEL EI GADW...
WYT TI'N
DEALL?

NAGW.

SDIM OTS.
FE RUTHRWN NI MEWN,
FE GYMRWN NI'R AUR,
A WEDYN EI BACHU HI
O 'NA.

RWY'N
DEALL
NAWR!

TOIIIING!

CH·CH

GLOP!
GLOP!
GLOP!
GLOP!

35-B

39

ALL Y DRWS 'MA FYTH WRTHSEFYLL GRYM Y DDIOD HUD...

BANG!

NA!

32A

BETH ŶCH CHI'N NEUD FAN HYN? OS ŶCH CHI EISIE TALU ARIAN I MEWN, FE DDYLSECH CHI NEUD HYNNY WRTH Y COWNTER LAN LLOFFT.

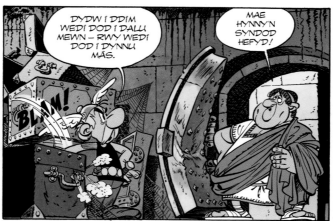

DYDW I DDIM WEDI DOD I DALU MEWN – RWY WEDI DOD I DYNNU MÂS.

BLAM!

MAE HYNNY'N SYNDOD HEFYD!

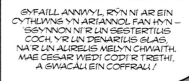

GYFAILL ANNWYL, RŶN NI AR EIN CYTHLWNG YN ARIANNOL FAN HYN – 'SGYNNON NI'R UN SESTERTIUS COCH, YR UN DENARIUS GLAS, NA'R UN AUREUS MELYN CHWAITH. MAE CESAR WEDI CODI'R TRETHI, A GWACÁU EIN COFFRAU!

OBELIX, DERE!

A STOPIA CHWIBANU!

OCÊ, MÊT!

32B

41

OEDD E'N GYNLLUN CEINIOG A DIME?

OEDD.

MAE'R PAIR CYN WACED AG ERIOED... RWY'N AMAU NA FYDD E BYTH YN LLAWN ETO...

BYDD YN RHAID I FI FYND Â'R PAIR NÔL YN WAG AT DICSIONDAFIX, A DWEUD WRTHO MAI FI, A FI YN UNIG, SYDD AR FAI... DYNA'R UNIG FFORDD I WARCHOD ENW DA EIN PENTRE.

AC WEDYN FE DDIFLANNA I ODDI AR WYNEB Y DDAEAR, AM BYTH...

SNIFF! FE DDIFLANNA I GYDA TI HEFYD – AM BYTH!

BŴHŴŴŴHŴ HŴŴHŴ!

WOWHOWHOWHÔW

O FEWN DIM...

MAE MYND Â'R PAIR NÔL YN SYNIAD DA. O LEIA FE ALLAN NHW GOGINIO'U POTES MAIP UNWAITH YN RHAGOR.

BYDD HYNNY'N GYSUR MAWR, RWY'N SIŴR!

CONDATE

38A

WEDI DIWRNOD NEU DDAU AR DROED...

MAE PENTRE DICSIONDAFIX GERLLAW, AR BEN Y CLOGWYN YR OCHR ARALL I'R GOEDWIG.

O'R FFORDD! O'R FFORDD! GWNEWCH LE I'R CASGLWR TRETHI, CENNAD ARBENNIG IWL CESAR!

DYMA'N CYFLE OLA I LENWI'R PAIR!

GLOP! GLOP! GLOP! GLOP!

YMLAEN Â NI!

TRALALALALÎiiiii ii ii ii

38B

42

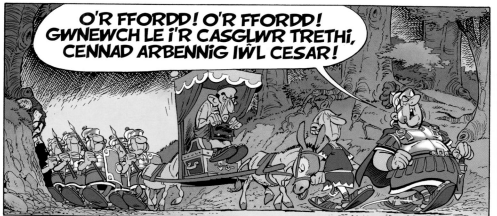

SAWL CLATSIEN YN DDIWEDDARACH...

YDY PAWB WEDI CAEL TRO?

SIAPA'I! RHO DY ARIAN I GYD I FI!

Fe'ch trethir ar y swm a gymerwch.

MAE ANGEN I FI LENWI FY MHAIR. OS OES ARIAN DROS BEN, FE GEI DI NHW NÔL.

Bydd y blaendal hwn yn daladwy o'r cyfanswm trethiannol dyledus.

MAE'N FLIN GEN I... DYMA'R UNION GYFANSWM SYDD EI ANGEN ARNA I... TI'N DOD OBELIX?

40ᴬ

DERBYNNEB! RHAID ARWYDDO DERBYNNEB!

FE EWN NI Â'R ARIAN NÔL AT DICSIONDAFIX, AC FE GAF I DDYCHWELYD I'N PENTRE GAN DDAL FY MHEN YN UCHEL!

OND?...

SNIFF.
SNIFF!
SNIFF.!

CLYW AROGL YR ARIAN!

CLYWED AROGL YR ARIAN? OND DOES GAN ARIAN DDIM AROGL I'W GLYWED!

SNIFF!
SNIFF!
SNIFF!
SNIFF!

40ᴮ

MAEN NHW I'W CLYWED YN FLASUS!

BLASUS DROS BEN! DERE YN DY FLAEN, OBELIX!

45

MAE AROGL POTES MAÎP AR YR ARIAN 'MA !

AC YN FWY NA HYNNY, FE DDAETH YR ARIAN O GIST CASGLWR TRETHI CESAR !

A PHAM FOD YR ARIAN HYN YN AROGLI'R UN FATH Â'R ARIAN ADAWEST TI GYDA FI ? OHERWYDD MAI'R UN RHAI YDYN NHW !

Y NOSON HONNO PAN DDEST TI I'N PENTRE, FE WNEST TI FYND Â FI O'R NEILLTU I FWYTA ... A DYNA OEDD YR ARWYDD I DY GIWED FYND ATI I FACHU'R ARIAN !

FE DALEST TI DY DRETHI GYDA'R ARIAN HYN ER MWYN CADW'N DYNN GYDA'R RHUFEINIAID. OND ROEDDET TI'N GWYBOD YN IAWN Y BYDDWN I'N GWNEUD FY NGORAU GLAS I DDOD Â'R CYFAN NÔL I TI.

DIWEDD Y GÂN YW'R GEINIOG, A'N CEINIOGAU NI FYDDAI WEDI TALU DY DRETHI DI !

MAE'N AMLWG DY FOD TI'N DALLT Y DALLTINS ...

42A

YN DALLT Y DALLTINS YN RHY DDA !

ALL RHYWUN GYFIEITHU I FI, PLÎS ?

HOGIA NI, DOWCH YMA !

GOFALA DI AM Y LLEILL, OBELIX !

CYFIEITHA I FI WEDYN, WNEI DI ?

42B

GOBEITHIO GWNAIFF ASTERIX GYFIEITHU I FI. DYDW I DDIM YN HOFFI CLATSIO HEB DDEALL PAM.

PAFF!

WOW! WOW!

EITHR MAE DICSIONDAFIX YN CAMGYMRYD. YN HYTRACH NA THROI'N GOLLEDION, MAE EI GELC YN TROI'N ENILLION I GRIW LLONG MÔR-LADRON SY'N DIGWYDD BOD YN HWYLIO WRTH DROED Y CLOGWYN...

CLONNC!

BETH YN Y BYD...?! PWY SY WEDI CORNIO 'NGHORUN Â CHROCHAN?!

AC AM UNWAITH, IE, AM UNWAITH, MAE'R MÔR-LADRON WRTH EU BODD!

AC MAE 'NA OGLAU DA I'R ARIAN 'MA HEFYD!

PAIR ORFOLEDD I BRES OFEREDD!

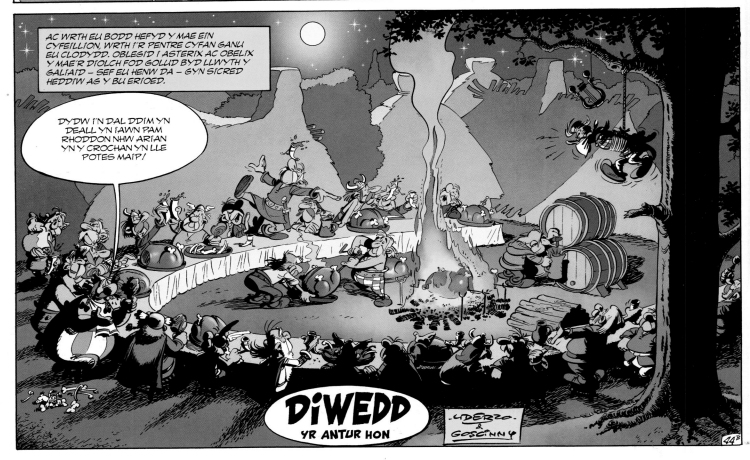

AC WRTH EU BODD HEFYD Y MAE EIN CYFEILLION, WRTH I'R PENTRE CYFAN GANU EU CLODYDD. OBLEGID I ASTERIX AC OBELIX Y MAE'R DIOLCH FOD GOLUD BYD LLWYTH Y GALIAID – SEF EU HENW DA – GYN SICRED HEDDIW AG Y BU ERIOED.

DYDW I'N DAL DDIM YN DEALL YN IAWN PAM RHODDON NHW ARIAN YN Y CROCHAN YN LLE POTES MAIP!

DIWEDD
YR ANTUR HON

UDERZO. & GOSCINNY